Pfannengerichte

Pfannengerichte

garant

Vorwort

Alles, was Sie für Pfannengerichte brauchen, sind eine schwere Pfanne mit Deckel, frische Zutaten, ein sanfter Pfannenwender und ein bisschen Zeit. Spiegeleier, Bratkartoffeln, Pfannkuchen, Steaks oder Schnitzel lassen sich schnell und ohne großen Aufwand zubereiten.

Doch auch Gemüse muss nicht immer nur in Salzwasser gekocht werden! Feine und gesunde Gemüsegerichte gelingen hervorragend in einer großen Pfanne. Durch extrem kurze Garzeiten bleiben die Vitamine und Nährstoffe erhalten, das Gemüse behält die frische Farbe und ist leicht verdaulich.

Fleisch- und Fischgerichte, in der Pfanne zubereitet, mit Kräutern und Weißwein verfeinert, kosten wenig Zeit, sparen somit Energie und schmecken jedem, egal, zu welcher Tageszeit.

Selbst aus übrig gebliebenen Knödeln, Spätzle, Nudeln, Kartoffeln, Reis und Gemüse, kombiniert mit Fleisch, Wurst oder Fisch, lassen sich die tollsten Gerichte brutzeln. Denken Sie nur an gebratene Knödel mit Apfelkompott, in Butter gebräunte Spätzle mit Zwiebeln und Käse oder gebratene Kartoffeln mit grünen Bohnen und knusprigem Speck ...

Pfannengerichte sind ein gesunder, leichter Genuss, sie können mit wenig Fett zubereitet werden und haben eine kurze Garzeit, sodass die lebenswichtigen Nährstoffe weitgehend erhalten bleiben. Pfannengerührte Speisen aus der asiatischen Küche sind mittlerweile der Hit in der einheimischen Küche.

Es gibt kaum ein Nahrungsmittel, das sich nicht zur Zubereitung in der Pfanne eignet, und das große Angebot an Fleisch, Fisch, Gemüse, Nudeln und Reis macht es uns einfach, immer wieder neue Kreationen auf den Tisch zu bringen.

Wir haben in diesem Buch köstliche Pfannengerichte für Sie zusammengetragen. Also, probieren Sie nach Herzenslust und verwöhnen Sie Ihre Lieben und Gäste, denn Pfannengerichte schmecken niemals langweilig! Natürlich können Sie die einzelnen Rezepte nach Herzenslust mit Zutaten, die Sie als Vorrat im Haus haben, leicht abwandeln. Selbst übrig Gebliebenes vom Vortag wird mit einigen frischen Zutaten, Kräutern oder Gewürzen zu einem völlig neuen Gericht, das gerne verspeist wird.

Wir wünschen Ihnen beim Kochen und Genießen viel Spaß und guten Appetit.

Ihre Redaktion

NUDELN MIT ZUCCHINI

FÜR 4 PERSONEN:

200 g kurze, gewellte Bandnudeln
Salzwasser

Außerdem:
1 TL Olivenöl, 1 Zwiebel
4 Knoblauchzehen, 1 TL Salz
500 g Zucchini
1 rote Paprikaschote
125 ml Gemüsebrühe
150 g gekochter Schinken
Salz, Pfeffer aus der Mühle
1 Prise Cayennepfeffer
1 Prise Muskat,, 1 EL Sojasauce
Frühlingszwiebeln zum Garnieren

1 Die Bandnudeln im Salzwasser bissfest garen, abgießen, abschrecken und gut abtropfen lassen.

2 Das Olivenöl in einer Pfanne erhitzen, die geschälte und gehackte Zwiebel darin glasig schwitzen.

3 Die Knoblauchzehen schälen, fein würfeln, mit Salz zu einer Paste zerreiben und zur Zwiebel geben.

4 Die Zucchini putzen, waschen, in dünne Scheiben schneiden, die Paprikaschote halbieren, entkernen, waschen, in feine Streifen schneiden, zu den Knoblauchzwiebeln geben und mitschwitzen.

5 Mit der Brühe ablöschen und einmal aufkochen lassen. Den Schinken in Streifen schneiden und unterrühren. Anschließend die Nudeln hinzufügen und unter die Gemüse-Schinken-Mischung heben.

6 Mit Salz, Pfeffer, Cayennepfeffer, Muskat und Sojasauce kräftig abschmecken. Die Bandnudeln mit Zucchini auf heißen Tellern anrichten, mit in Scheiben geschnittenen Frühlingszwiebeln garnieren und servieren.

Tipp:
Zur Grundausstattung in der Küche sollten mindestens drei Pfannen mit unterschiedlichem Durchmesser gehören. Für die Zubereitung von Fleisch oder Fisch sollte die Pfanne nicht zu groß sein, aber auch nicht so klein, dass sie das Bratgut einengt. Sie sollte einen schweren Boden und einen gewölbten, hochgezogenen Rand haben. Wollen Sie in der Pfanne komplette Mahlzeiten zubereiten, benötigen Sie für die Pfanne auch einen Deckel. Für die verschiedensten Gerichte, die sich in der Pfanne zubereiten lassen, finden Sie im Fachhandel außerdem eine ganze Reihe sehr guter Spezialpfannen.

Currynudeln

Für 4 Personen:

1 kg Zucchini
400 g Putenschnitzel
Salz, Pfeffer aus der Mühle
1 TL Olivenöl
100 ml Weißwein
1 EL Curry
Saft und Schale von 1 Zitrone
1–2 EL Sojasauce
250 g bissfest gegarte Hörnchennudeln
Rucola und gebratene Paprikawürfel zum Garnieren

1 Die Zucchini putzen, waschen und in 2–3 mm dicke Scheiben schneiden.

2 Die Putenschnitzel unter fließendem Wasser waschen, trocken tupfen, in Streifen schneiden, mit Salz und Pfeffer würzen.

3 Etwas Olivenöl in einer beschichteten Pfanne erhitzen, das Fleisch darin anbraten, herausnehmen und warmstellen.

4 Die Zucchinischeiben ins verbliebene Bratfett geben und anbraten.

5 Mit Weißwein ablöschen, den Curry untermischen, mit Salz, Pfeffer, Zitronensaft und Zitronenschale sowie Sojasauce abschmecken und die Zucchini bissfest dünsten.

6 Nach Ende der Garzeit das Fleisch und die Nudeln unter das Zucchinigemüse heben, kurz braten und nachwürzen.

7 Die Currynudeln anrichten, mit Rucola und gebratenen Paprikawürfeln garnieren und servieren.

Tipp:

Wer besonders fettarm braten möchte, wählt am besten eine beschichtete Pfanne. Sie darf allerdings nicht zu stark erhitzt werden, zum Wenden eignet sich nur ein Holz- oder Kunststoffwender, der die Beschichtung nicht verletzen kann. Pfannen mit einer guten Antihaft-Versiegelung schließen ein Anbrennen fast aus und lassen sich außerdem sehr gut reinigen. Grillpfannen haben einen gerillten Boden, in dem sich das Bratfett sammelt, das Bratgut liegt auf den heißen Stegen. Grillpfannen sind häufig aus Gusseisen.

Gemüsepfanne mit Gnocchis

Für 4 Personen:

2 Packungen Gnocchis (aus dem Kühlregal, à 400 g)
Salzwasser, 200 g Schalotten
2 Knoblauchzehen
2 EL Olivenöl
je 1 rote, gelbe und grüne Paprikaschote, 1 Zucchini
400 ml passierte Tomaten
Salz, Pfeffer aus der Mühle
1 Prise Zucker
1 Prise Cayennepfeffer
1 Päckchen italienische Kräuter (TK-Produkt), 1 Bund Basilikum

1 Die Gnocchis im Salzwasser nach Packungsanweisung garen, herausnehmen und gut abtropfen lassen.

2 Die Schalotten und die Knoblauchzehen schälen und in feine Würfel schneiden. Das Olivenöl in einer Pfanne erhitzen, Schalotten und Knoblauch darin glasig schwitzen.

3 Die Paprikaschoten halbieren, entkernen, waschen, abtropfen lassen, in mundgerechte Stücke schneiden, zu den Knoblauchschalotten geben und kurz mitschwitzen.

4 Die geputzte, gewaschene Zucchini halbieren, in Scheiben schneiden, zum Gemüse geben und mitschwitzen.

5 Die Tomaten angießen und bei mäßiger Hitze 5–6 Minuten köcheln lassen. Mit Salz, Pfeffer, Zucker und Cayennepfeffer kräftig würzen.

6 Die Gnocchis und die italienischen Kräuter untermischen, das Ganze erhitzen, anrichten, mit Basilikum garnieren und servieren.

Tipp:
Pfannen aus Gusseisen sind nicht säurebeständig. Sie werden vor dem ersten Gebrauch bis zum Rauchen erhitzt. Nach dem Gebrauch reinigt man sie mit heißem Wasser, fettet sie mit Öl ein, damit sie nicht rosten, und bewahrt sie dann an einem luftigen Ort auf. Heiße Pfannen dürfen wegen hoher Spritz- und Verbrennungsgefahr nie sofort nach dem Braten mit Wasser gefüllt werden! Lassen Sie die Pfanne erst etwa 10 Minuten abkühlen, bevor Sie sie mit heißem Wasser reinigen. Bei Bedarf verwenden Sie ein mildes Spülmittel, aber niemals scharfe Putzmittel oder spitze Gegenstände zum Reinigen!

Nudelpfanne mit Seelachsfilets

Für 4 Personen:

500 g küchenfertige Seelachsfilets
einige Tropfen Zitronensaft
einige Tropfen Worcestersauce
Salz, Pfeffer aus der Mühle

Außerdem:
300 g Fusilli (Spirelli oder andere gedrehte Nudeln), Salzwasser
einige Tropfen Olivenöl

Für die Sauce:
2–3 EL Olivenöl
2–3 Kumquats, 1 Zwiebel
1–2 Fenchelknollen
2 Knoblauchzehen
1 rote Chilischote
2–3 Frühlingszwiebeln
500 g Tomaten
250 ml Tomatensauce
Kräuterzweige zum Garnieren

1 Die Seelachsfilets unter fließendem Wasser waschen, trocken tupfen und in Würfel schneiden. Mit Zitronensaft und Worcestersauce beträufeln, mit Salz und Pfeffer würzen und im Kühlschrank 10–15 Minuten ziehen lassen.

2 Die Fusilli im Salzwasser mit dem Olivenöl bissfest garen, abgießen, abschrecken und gut abtropfen lassen.

3 Das Olivenöl in einer großen Pfanne erhitzen. Die Kumquats im heißen Wasser waschen, in feine Streifen oder Scheiben schneiden, ins Fett geben und kurz anschwitzen.

4 Die Zwiebel schälen und fein würfeln, zu den Kumquats geben und kurz mitschwitzen.

5 Die Fenchelknollen putzen, waschen und in Streifen schneiden. Mit den geschälten und fein gehackten Knoblauchzehen, der halbierten, entkernten und fein geschnittenen Chilischote zu den Kumquats und der Zwiebel geben und mitschwitzen.

6 Die Frühlingszwiebeln putzen, waschen und klein schneiden. Mit den Seelachswürfeln zum Gemüse geben und zugedeckt 4–5 Minuten dünsten.

7 Die Tomaten enthäuten, entkernen und klein schneiden, zum Gemüse geben, die Tomatensauce angießen und einmal aufkochen lassen.

8 Die Nudeln hinzufügen, durchschwenken und erhitzen. Mit Salz, Pfeffer, Zitronensaft und Worcestersauce abschmecken. Die Nudelpfanne anrichten, mit Kräuterzweigen garnieren und servieren.

Zwiebelkartoffeln mit Würsteln

Für 4 Personen:

1 kg festkochende Kartoffeln
Salzwasser
5-6 EL Butterschmalz
Salz, Pfeffer aus der Mühle
Kümmel, Majoran oder Oregano nach Geschmack
1 Prise Muskat
400 g Zwiebeln
1-2 EL Butterschmalz
1 Packung Nürnberger Rostbratwürstchen (240 g)
1 Bund glatte Petersilie
Salz, Pfeffer aus der Mühle
1 Prise Cayennepfeffer
Petersilie zum Garnieren

1 Die Kartoffeln unter fließendem Wasser abbürsten. Mit dem Salzwasser in einen Topf geben, die Kartoffeln zugedeckt zum Kochen bringen und in 18-20 Minuten garen.

2 Die Kartoffeln abgießen, abkühlen lassen, pellen und in Scheiben schneiden.

3 Das Butterschmalz in einer Pfanne erhitzen und die Kartoffelscheiben darin goldgelb rösten. Mit Salz, Pfeffer und Muskat würzen. Je nach Geschmack mit Kümmel, Majoran oder Oregano verfeinern.

4 Die Zwiebeln schälen und in Scheiben schneiden. Das Butterschmalz in einer zweiten Pfanne erhitzen.

5 Die Bratwürstchen im Fett goldgelb braten, herausnehmen und warmstellen.

6 Die Zwiebeln ins verbliebene Bratfett geben und goldgelb rösten.

7 Die Petersilie verlesen, waschen und klein schneiden. Mit den Zwiebeln und den Bratwürstchen unter die Bratkartoffeln heben und kurz mitbraten.

8 Die Zwiebelkartoffeln mit Salz, Pfeffer und Cayennepfeffer kräftig abschmecken, anrichten, mit Petersilie garnieren und servieren.

Tipp:
Für alles, was scharf angebraten werden soll, benötigen Sie hoch erhitzbares Fett, beispielsweise gehärtetes und ungehärtetes Kokos- und Plattenfett, Butterschmalz, Schweineschmalz oder Speiseöle, wie z. B. Sojaöl, Sonnenblumenöl oder Rapsöl.

Kartoffelpfanne mit Hackbällchen

Für 4 Personen:

700 g Kartoffeln
Salzwasser zum Garen
1 Kopf Romanesco
1/2 Kopf Blumenkohl
100 g Zuckererbsenschoten

Für die Hackbällchen:
500 g gemischtes Hackfleisch
2 Schalotten
2 Knoblauchzehen
1 TL gerebelter Majoran
2 Eier
2–3 EL Semmelbrösel
Salz, Pfeffer aus der Mühle
1 Prise Muskat
1 Prise Cayennepfeffer
Gemüse- oder Fleischbrühe zum Garziehen

Außerdem:
1 EL Olivenöl, 1 TL Butter
2 Zweige Rosmarin
2 Zweige Thymian

1 Die Kartoffeln waschen, im kochenden Salzwasser bissfest garen, abgießen, pellen und halbieren.

2 Den Romanesco und den Blumenkohl putzen, waschen und in Röschen teilen. Die Zuckerschoten verlesen und waschen.

3 Das Gemüse in kochendem Salzwasser blanchieren, abgießen und gut abtropfen lassen.

4 Das Hackfleisch mit den geschälten und fein gewürfelten Schalotten in eine Schüssel geben. Die Knoblauchzehen schälen, durchpressen, mit dem Majoran zum Fleisch geben.

5 Die Eier hinzufügen und die Zutaten zu einer Masse verarbeiten, mit Semmelbröseln nach Bedarf binden. Mit Salz, Pfeffer, Muskat und Cayennepfeffer abschmecken.

6 Aus der Masse kleine Bällchen abdrehen und diese in der Gemüsebrühe gar ziehen lassen.

7 Das Öl und die Butter in einer Pfanne erhitzen, die Kartoffeln dazugeben und Farbe nehmen lassen.

8 Anschließend das Gemüse untermischen. Die zerpflückten Kräuter dazugeben und das Ganze erhitzen. Mit Salz, Pfeffer und Muskat abschmecken, anrichten und servieren.

CROMARGAN® 18/1
Made in Germany

Bierkutscherpfanne mit Lauch

Für 4 Personen:

400 g Kartoffeln
400 g Karotten
1 Zwiebel
2 Knoblauchzehen
1 EL Butterschmalz
500 g Nürnberger Rostbratwürstchen
1 große Stange Lauch
Salz, Pfeffer aus der Mühle
1 EL Majoran
1 EL Kümmel
1 Bund Petersilie

1 Die Kartoffeln und die Karotten schälen, waschen und grob raspeln. Die Zwiebel und die Knoblauchzehen schälen und fein würfeln.

2 Das Butterschmalz in einer großen Pfanne erhitzen, die Bratwürstchen darin braten, herausnehmen und warmstellen.

3 Das Gemüse ins verbliebene Bratfett geben und unter ständigem Rühren braten.

4 Den Lauch putzen, waschen, klein schneiden, hinzufügen und mitbraten. Mit Salz, Pfeffer, Majoran und Kümmel kräftig würzen.

5 Die Rostbratwürstchen dazugeben und erhitzen, anrichten, mit der verlesenen, gewaschenen und fein gehackten Petersilie bestreuen und servieren.

Tipp:
Da Butter sehr leicht verbrennt, kann man sie zum milden Braten mit der gleichen Menge Öl mischen. Pflanzenmargarine lässt sich nicht hoch erhitzen und ist deshalb nur bedingt zum Braten geeignet. Diätmargarine enthält mindestens 40 Prozent mehrfach ungesättigte Fettsäuren und ist zum Braten nicht geeignet. Halbfettmargarine und -butter enthalten viel Wasser und sollten deshalb ebenfalls nicht zum Braten verwendet werden. Wenn Sie fettarm braten wollen, verwenden Sie eine Grillpfanne oder eine beschichtete Pfanne. Kalt gepresstes Öl ist besonders hochwertig, beim Erhitzen gehen die wertvollen Bestandteile jedoch verloren. Wenn Sie nicht auf den typischen Geschmack verzichten wollen, beträufeln Sie das fertige Bratgut damit.

WMF
GOURMET

Kartoffel-Pilz-Gröstl

Für 4 Personen:

800 g Kartoffeln
2 EL Schweineschmalz
Salz, Pfeffer aus der Mühle
1 TL Kümmel
1 Prise Cayennepfeffer
100 g durchwachsener, geräucherter Speck
2–3 Schalotten
400 g gemischte Pilze (Champignons, Egerlinge, Steinpilze)
Saft von 1 Zitrone
100 ml Weißwein
2–3 Zweige Rosmarin

Für die Senfcreme:
250 g Crème fraîche
2–3 EL scharfer Senf
2–3 EL grober Senf
Saft von 1 Zitrone
1 Prise Zucker
Rosmarin zum Garnieren

1 Die Kartoffeln unter fließendem Wasser abbürsten und in dünne Spalten schneiden.

2 Das Schweineschmalz in einer großen Pfanne erhitzen und die Kartoffelspalten darin 20–25 Minuten braten.

3 Die Kartoffeln mit Salz, Pfeffer, Kümmel und Cayennepfeffer kräftig würzen.

4 10 Minuten vor Garende den fein gewürfelten Speck und die geschälten und fein gewürfelten Schalotten dazugeben und mitbraten.

5 In der Zwischenzeit die Pilze verlesen, nach Bedarf klein schneiden, mit Zitronensaft beträufeln. Nach Ende der Garzeit die Pilze zu den Kartoffeln geben.

6 Den Weißwein angießen. Den Rosmarin verlesen, klein schneiden und hinzufügen. So lange bei starker Hitze garen, bis die Flüssigkeit fast vollständig verdampft ist.

7 Für die Senfcreme die Crème fraîche mit dem Senf und dem Zitronensaft in einer Schüssel kräftig verschlagen. Mit Salz, Pfeffer, Cayennepfeffer und Zucker abrunden.

8 Das Kartoffel-Pilz-Gröstl anrichten, mit der Senfcreme überziehen, mit Rosmarin garnieren und servieren.

Bratkartoffelgulasch

Für 4 Personen:

1 kg Kartoffeln, Salzwasser
1 EL Kümmel, 2 EL Butterschmalz
2 Zwiebeln, 2 Knoblauchzehen
je 1 rote, gelbe und grüne Paprikaschote
400 ml Fleischbrühe
1 EL gerebelter Majoran
1 TL gerebelter Thymian
1 EL Paprikapulver edelsüß
Salz, Pfeffer aus der Mühle
1 Prise Muskat
1 Prise Cayennepfeffer
1 Bund Petersilie

1 Die Kartoffeln unter fließendem Wasser abbürsten, mit dem Salzwasser und dem Kümmel in einen Topf geben, zum Kochen bringen und in 20 Minuten garen.

2 Die Kartoffeln abgießen, abkühlen lassen, pellen, in Würfel oder Scheiben schneiden.

3 Das Butterschmalz in einer großen Pfanne erhitzen und die Kartoffeln darin goldgelb rösten.

4 Die Zwiebeln und die Knoblauchzehen schälen und fein würfeln, zu den Bratkartoffeln geben und kurz mitbraten.

5 Die Paprikaschoten halbieren, entkernen, waschen, in Würfel schneiden, zu den Kartoffeln geben und kurz braten.

6 Die Fleischbrühe angießen und zum Kochen bringen. Den Majoran, den Thymian und das Paprikapulver einrühren, das Gulasch bei mäßiger Hitze 6–8 Minuten köcheln lassen.

7 Das Bratkartoffelgulasch mit Salz, Pfeffer, Muskat und Cayennepfeffer kräftig würzen, anrichten, mit der verlesenen, gewaschenen und fein gehackten Petersilie bestreuen, mit Petersilie garnieren und servieren.

Tipp:
Feste Gemüsesorten wie Blumenkohl, Brokkoli, Fenchel, grüne Bohnen, Kohl, Kohlrabi, Paprikaschoten, Möhren, Spargel oder Schwarzwurzeln werden geputzt, je nach Sorte in feine Streifen oder kleine Würfel geschnitten oder in Röschen zerteilt und in kochendem Salzwasser kurz blanchiert. Anschließend nimmt man das Gemüse heraus und schreckt es in Eiswasser ab, damit die appetitliche Farbe erhalten bleibt. Nun kommt das Gemüse in die Pfanne zu Fleisch oder Fisch und wird dort fertig gegart.

Spargel-Reis-Pfanne mit Schweinefilet

Für 4 Personen:

2 Kochbeutel Spitzen-Langkornreis
Salzwasser oder Gemüsebrühe zum Garen
600 g Schweinefilet
Salz, Pfeffer aus der Mühle
2 EL Olivenöl
2 Zwiebeln
2 Knoblauchzehen
je 1 rote und gelbe Paprikaschote
1/2 Bund Frühlingszwiebeln
400 g bissfest gegarter, weißer Spargel
1 Prise Cayennepfeffer
1 Prise Zucker
einige Tropfen Zitronensaft
einige Tropfen Worcestersauce

1 Den Reis im Salzwasser oder in der Gemüsebrühe bissfest garen, abgießen, abschrecken und gut abtropfen lassen.

2 Das Schweinefilet unter fließendem Wasser waschen, trocken tupfen, in Scheiben schneiden, mit Salz und Pfeffer würzen.

3 Das Olivenöl in einer Pfanne erhitzen, das Fleisch darin unter ständigem Rühren braten, herausnehmen und warmstellen.

4 Die Zwiebeln und die Knoblauchzehen schälen, die Zwiebeln in Streifen, den Knoblauch in Scheiben schneiden, ins verbliebene Bratfett geben und anschwitzen.

5 Die Paprikaschoten halbieren, entkernen, waschen, gut abtropfen lassen, in Streifen schneiden, zu den Knoblauchzwiebeln geben und kurz mitbraten.

6 Die geputzten Frühlingszwiebeln waschen und klein schneiden, hinzufügen und dünsten.

7 Den Spargel in mundgerechte Stücke schneiden und zum Gemüse geben. Mit Salz, Pfeffer, Cayennepfeffer, Zucker, Zitronensaft und Worcestersauce abschmecken und bei mäßiger Hitze 4–5 Minuten dünsten.

8 Den Reis und das Fleisch untermischen, erhitzen, aber nicht mehr kochen lassen.

9 Die Spargel-Reis-Pfanne nachwürzen, anrichten und servieren.

Paellapfanne mit Meeresfrüchten

Für 4 Personen:

150 g Langkornreis
250 ml Gemüsebrühe
1 Msp. Safran, Salz, 2 Zwiebeln
1 TL Olivenöl
je 1 rote und grüne Paprikaschote
100 g Hähnchenbrustfilet
300 g Miesmuscheln (ca. 50 g Muschelfleisch, TK-Produkt)
150 g geschälte Garnelenschwänze
100 g grüne Erbsen (TK-Produkt)
50 g Zuckermais (TK-Produkt)
100 ml Weißwein
Pfeffer aus der Mühle
1 Prise Cayennepfeffer
einige Tropfen Zitronensaft
einige Tropfen Tabasco

1 Den Reis mit der Gemüsebrühe, dem Safran und Salz in einen Topf geben und bissfest garen.

2 Die Zwiebeln schälen, fein würfeln, das Olivenöl in einer beschichteten Pfanne erhitzen und die Zwiebeln darin andünsten.

3 Die Paprikaschoten halbieren, entkernen, waschen, in mundgerechte Stücke schneiden, das Hähnchenbrustfilet in feine Streifen schneiden, beides zu den Zwiebeln geben und mitschwitzen.

4 Die Miesmuscheln und die Garnelenschwänze unter fließendem Wasser waschen, mit den Erbsen und dem Mais unterheben.

5 Den Weißwein angießen, das Ganze mit Salz, Pfeffer und Cayennepfeffer kräftig würzen und zugedeckt bei mittlerer Hitze 5 Minuten dünsten.

6 Den Reis dazugeben, unter Rühren erhitzen, mit Zitronensaft und Tabasco abrunden. Die Paella mit Meeresfrüchten anrichten und servieren.

Tipp:
Damit Steaks, Schnitzel, Geschnetzeltes oder auch Fisch einen noch besseren Geschmack bekommen, können Sie das Fleisch einige Zeit in eine Marinade einlegen. Dazu verrühren Sie hoch erhitzbares Speiseöl je nach Rezept mit verschiedenen Gewürzen, z. B. Pfeffer, Curry, Kreuzkümmel, Fünfgewürzpulver, Cayennepfeffer, Ingwer, Knoblauch und gerebelten Kräutern. Reiben Sie das Fleisch mit dieser Marinade gründlich ein und lassen Sie es im Kühlschrank ziehen.

Gemüse-Reis-Pfanne mit Cashewkernen

Für 4 Personen:

300 g Langkornreis, Salzwasser oder Gemüsebrühe zum Garen
300 g grüne Bohnen (frisch oder TK-Produkt)
2 EL Butter
1 Zwiebel
je 1 rote und gelbe Paprikaschote
1 Zucchini
Salz, Pfeffer aus der Mühle
1 Prise Muskat
1 Prise Cayennepfeffer
1 Prise Zucker
100 g gesalzene, geröstete Cashewkerne

1 Den Langkornreis unter fließendem Wasser waschen und im kochenden Salzwasser oder in der Gemüsebrühe in 18–20 Minuten bissfest garen, abgießen, abschrecken und gut abtropfen lassen.

2 Die frischen Bohnen putzen, in mundgerechte Stücke schneiden, die TK-Bohnen auftauen lassen.

3 Die Butter in einer Pfanne erhitzen, die geschälte und fein gewürfelte Zwiebel darin glasig schwitzen.

4 Die Paprikaschoten halbieren, entkernen, waschen und in Streifen schneiden, mit den Bohnen zur Zwiebel geben und so lange braten, bis das Gemüse weich ist.

5 Die Zucchini putzen, waschen, in Streifen schneiden und kurz vor Garende zum Gemüse geben.

6 Den Reis untermischen, mit Salz, Pfeffer, Muskat, Cayennepfeffer und Zucker abschmecken. Zum Schluss die Cashewkerne untermischen. Die Gemüse-Reis-Pfanne anrichten und servieren.

Tipp:
Was wäre ein köstliches Pfannengericht ohne die richtige Würze! Sie verleiht jeder Speise das gewisse Etwas. Neben Salz, Pfeffer und Paprikapulver stehen Gewürze von mild bis höllisch scharf zur Verfügung. Curry, Muskat, Kümmel, Cayennepfeffer, Chilipulver, Knoblauch, Kurkuma, Kreuzkümmel, Kardamom, Ingwer oder Fünfgewürzpulver würzen Fleisch, Wurst, Gemüse oder Fisch mal traditionell, mal exotisch. Petersilie, Schnittlauch, Basilikum, Thymian, Rosmarin, Estragon, Majoran oder Liebstöckel sind nur einige Küchenkräuter, die während des ganzen Jahres frisch, getrocknet oder tiefgekühlt zur Verfügung stehen und zum Experimentieren einladen.

Gebratener Gemüsereis

Für 4 Personen:

200 g Langkornreis
Salzwasser oder Gemüsebrühe
2 Karotten, 150 g grüne Bohnen
150 g Blumenkohlröschen
2 Knoblauchzehen
2 rote Zwiebeln
1 EL Erdnussöl
1 gelbe Paprikaschote
75 g Cashewkerne
100 ml Sojasauce
1/2 TL gemahlener Ingwer
1 TL Fünfgewürzpulver

Außerdem:
4 Hähnchenbrustfilets
Salz, Pfeffer aus der Mühle
1 EL Butterschmalz
2 Knoblauchzehen
4 EL Sojasauce
Zitronenmelisse zum Garnieren

1 Den Langkornreis im Salzwasser oder in der Gemüsebrühe bissfest garen, abgießen, abschrecken und gut abtropfen lassen.

2 Die Karotten schälen und in feine Streifen schneiden. Die Bohnen putzen, je nach Bedarf klein schneiden. Die Blumenkohlröschen verlesen, waschen und gut abtropfen lassen.

3 Das Gemüse in Gemüsebrühe bissfest garen, herausnehmen und gut abtropfen lassen.

4 Die Knoblauchzehen und die Zwiebeln schälen und fein würfeln. Das Erdnussöl in einer großen Pfanne erhitzen, Knoblauch und Zwiebeln darin glasig schwitzen.

5 Die Paprikaschote halbieren, entkernen, waschen, gut abtropfen lassen und in Streifen schneiden, zu den Knoblauchzwiebeln geben und kurz mitschwitzen.

6 Den Reis, das Gemüse und die Cashewkerne dazugeben und mitschwitzen. Mit der Sojasauce ablöschen, mit Ingwer und Fünfgewürzpulver würzen.

7 Die küchenfertigen Hähnchenbrustfilets unter fließendem Wasser waschen, trocken tupfen, mit Salz und Pfeffer kräftig würzen.

8 Das Butterschmalz in einer Pfanne erhitzen. Die Knoblauchzehen schälen, fein würfeln, ins Fett geben und glasig schwitzen.

9 Die Hähnchenbrustfilets ins Knoblauchfett geben und kurz anbraten. Mit Sojasauce beträufeln und im auf 180–200 °C vorgeheizten Backofen 10–15 Minuten braten. Die gegarten Filets in Scheiben schneiden, mit dem gebratenen Gemüsereis anrichten, mit Zitronenmelisse garnieren und servieren.

Hackfleisch-Reis-Pfanne

Für 4 Personen:

200 g Langkornreis
Salzwasser zum Garen
300 g grüne Bohnen
2 Zwiebeln
2 Knoblauchzehen
2 EL Olivenöl
600 g Rinderhackfleisch
1 EL Paprikapulver edelsüß
Salz, Pfeffer aus der Mühle
1 Prise Cayennepfeffer
4 Tomaten
1 Bund glatte Petersilie

1 Den Reis im Salzwasser 20 Minuten bissfest garen.

2 Die Bohnen putzen, waschen und im Reiswasser bissfest garen, herausnehmen und abtropfen lassen.

3 Die Zwiebeln und die Knoblauchzehen schälen und fein würfeln.

4 Das Olivenöl in einer Pfanne erhitzen, das Rinderhackfleisch darin unter ständigem Rühren ca. 6 Minuten braten.

5 Zwiebeln und Knoblauch dazugeben und kurz mitbraten. Mit Paprikapulver bestäuben, mit Salz, Pfeffer und Cayennepfeffer kräftig würzen.

6 Die Tomaten enthäuten, entkernen, in Würfel schneiden, zum Fleisch geben und bei mäßiger Hitze ca. 8 Minuten dünsten.

7 Den Reis und die Bohnen untermischen und erhitzen. Nachwürzen, anrichten, mit Petersilie garnieren und servieren.

Tipp:
Hackfleisch muss immer frisch verarbeitet werden, das heißt noch am selben Tag des Einkaufs. Durchgedrehtes Fleisch bietet Salmonellen beste Lebensbedingungen – auch wenn das Fleisch im Kühlschrank aufbewahrt wird. Bei tiefgekühltem Fleisch immer auf das Verfallsdatum achten und das Fleisch danach nicht mehr verwenden.

Rosinen-Pilaw mit Lammfilet

Für 4 Personen:

300 g Langkornreis
3–4 EL Olivenöl, 1 Zwiebel
2 Knoblauchzehen
600 ml Gemüse- oder Fleischbrühe
Salz, Pfeffer aus der Mühle
1 Prise Cayennepfeffer
1 TL Cumin (Kreuzkümmel)
250 g eingeweichte Rosinen

Außerdem:
4 Lammfilets à 160–180 g
Fett zum Braten
1 Bund Schnittlauch
Kräuterzweige zum Garnieren

1 Den Langkornreis unter fließendem Wasser waschen, gut abtropfen lassen. Das Olivenöl in einer Pfanne erhitzen.

2 Die Zwiebel und die Knoblauchzehen schälen, fein würfeln, ins Fett geben und glasig schwitzen.

3 Den Reis dazugeben, kurz mitschwitzen, mit der Gemüse- oder Fleischbrühe auffüllen und das Ganze zum Kochen bringen.

4 Den Reis mit Salz, Pfeffer, Cayennepfeffer und Cumin würzen, bei mäßiger Hitze 25 Minuten ausquellen lassen, dabei öfter umrühren.

5 Die Rosinen 5 Minuten vor Garende untermischen. Den Reis nachwürzen.

6 Die Lammfilets waschen und trocken tupfen. Fett in einer Pfanne erhitzen, die Lammfilets darin nach Geschmack medium oder durchbraten, salzen und pfeffern.

7 Das Rosinen-Pilaw anrichten, die Lammfilets in Scheiben schneiden, auf das Pilaw legen, mit dem verlesenen, gewaschenen und fein geschnittenen Schnittlauch bestreuen, mit Kräuterzweigen garnieren und servieren.

Tipp:
Wenn Sie zu Steaks und Schnitzeln eine Sauce servieren möchten, dann löschen Sie den Bratensatz mit einem trockenen Rot- oder Weißwein oder mit Brühe ab. Lassen Sie den Fond um die Hälfte einreduzieren, geben Sie je nach Geschmack süße Sahne, Crème fraîche, Sauerrahm oder Schmand dazu und verfeinern mit Gewürzen oder Kräutern. Lassen Sie anschließend die Sauce nochmals einkochen.

Gemüse-Reis-Pfanne mit Curry

Für 4 Personen:

350 g Langkornreis
Salzwasser oder Gemüsebrühe zum Garen
2 Karotten
200 g Brokkoliröschen
1 Zucchini

Außerdem:
2 EL Erdnussöl
Saft von 2 Zitronen
1 EL Curry
1 TL Kurkuma
1 TL gemahlener Koriander
1 TL Cayennepfeffer
1 EL brauner Zucker
200 g geschälte Krabben oder Crevettenschwänze
Salz, Pfeffer aus der Mühle
1/2 Bund Koriandergrün

1 Den Langkornreis im Salzwasser oder in der Gemüsebrühe bissfest garen, abgießen, abschrecken und gut abtropfen lassen.

2 Die Karotten schälen und in Stifte schneiden. Die Brokkoliröschen verlesen, waschen, gut abtropfen lassen und in mundgerechte Stücke schneiden. Die Zucchini putzen, waschen und in Stücke schneiden.

3 Das Gemüse in Gemüsebrühe bissfest garen, herausnehmen und gut abtropfen lassen.

4 Das Erdnussöl in einer großen Pfanne erhitzen, den Reis und das Gemüse dazugeben, durchschwenken und erhitzen.

5 Den Zitronensaft mit dem Curry, dem Kurkuma, dem Koriander, dem Cayennepfeffer und dem braunen Zucker so lange verrühren, bis sich der Zucker vollständig aufgelöst hat. Die Gewürzmischung in die Reispfanne geben und kräftig durchschwenken.

6 Die Krabben oder Crevettenschwänze hinzufügen und erhitzen. Die Gemüse-Reis-Pfanne mit Salz und Pfeffer abschmecken, auf Tellern anrichten, mit Koriandergrün garnieren und servieren.

Paprikapfanne mit Hackfleischbällchen

Für 4 Personen:

600 g Schweinehack
2 Knoblauchzehen, 1 Zwiebel
1 EL Butter, 1–2 Eier
Semmelbrösel zum Binden
Salz, Pfeffer aus der Mühle
1 TL Paprikapulver, rosenscharf
1 EL gerebelter Majoran
Butterschmalz zum Braten
je 2 rote und grüne
Spitzpaprikaschoten, 2 Zwiebeln
200 ml Gemüsebrühe
100 ml Weißwein
1–2 EL Ahornsirup
einige Tropfen Zitronensaft
einige Tropfen Worcestersauce
30 g gemischte, frische Kräuter
(Oregano, Petersilie, Basilikum)
Basilikum zum Garnieren

1 Das Schweinehack in eine Schüssel geben. Die Knoblauchzehen und die Zwiebel schälen und fein würfeln. Butter in einer Pfanne erhitzen und beides darin glasig schwitzen.

2 Die Knoblauchzwiebeln und die Eier zum Fleisch geben und alles zu einer glatten, kompakten Masse verarbeiten. Mit Semmelbröseln leicht binden, mit Salz, Pfeffer, Paprikapulver und Majoran würzen.

3 Aus der Hackfleischmasse kleine Bällchen formen. Butterschmalz in einer Pfanne erhitzen und die Bällchen darin rundherum braten, herausnehmen und warmstellen.

4 Die Spitzpaprikaschoten halbieren, entkernen, waschen, gut abtropfen lassen und in Scheiben schneiden. Mit den geschälten und in Scheiben geschnittenen Zwiebeln ins verbliebene Bratfett geben und kurz anbraten.

5 Die Gemüsebrühe und den Weißwein angießen sowie den Ahornsirup einrühren. Mit Salz, Pfeffer, Zitronensaft und Worcestersauce abrunden und bei mäßiger Hitze 6–8 Minuten köcheln lassen.

6 Die Hackfleischbällchen zum Gemüse geben, kurz durchschwenken und erhitzen. Die verlesenen, gewaschenen und fein gehackten Kräuter untermischen. Das Ganze nachwürzen, dekorativ anrichten, mit Basilikum ausgarnieren und servieren.

Spargelpfännchen mit Knoblauch

Für 4 Personen:

1,2 kg grüner Spargel
1/2 Knolle junger Knoblauch
200 g Schalotten, 3 EL Olivenöl
100 ml Weißwein
100 ml Gemüse- oder Spargelfond
Salz, Pfeffer aus der Mühle
1 Prise Muskat
1 Prise Cayennepfeffer
3 EL Karamellsirup
einige Tropfen Zitronensaft
4 EL Sojasauce, 200 g Kirschtomaten
Basilikum zum Garnieren

1 Den Spargel putzen, die unteren Enden abschneiden, den Spargel an den unteren Enden dünn schälen und in grobe Stücke schneiden.

2 Den Knoblauch klein schneiden, die Schalotten schälen und vierteln.

3 Das Olivenöl in einer großen Pfanne erhitzen, Knoblauch und Schalotten darin anschwitzen.

4 Die Spargelstücke dazugeben und unter ständigem Rühren braten. Während der Garzeit mehrmals mit dem Weißwein und dem Fond ablöschen.

5 Nach Ende der Garzeit mit Salz, Pfeffer, Muskat, Cayennepfeffer, Karamellsirup, Zitronensaft und Sojasauce kräftig abschmecken.

6 Die Kirschtomaten waschen, den Strunk herausschneiden, die Tomaten zum Spargel geben und kurz mitgaren.

7 Das Spargelpfännchen anrichten, mit Basilikum garnieren und mit Kartoffelgratin servieren.

Tipp:
Der Bedarf an hochwertigem Eiweiß und vielen anderen wertvollen Inhaltsstoffen kann durch den Verzehr von Fisch weitgehend abgedeckt werden. Je nach Sorte können Fische sehr mager sein oder reichlich Fett enthalten. Da besonders das Fett von Seefischen reich an ungesättigten Fettsäuren und leicht verdaulich ist, sollte Fisch einen festen Platz auf dem Speisezettel erhalten. Wenn Sie keine Möglichkeit haben, frischen Fisch zu kaufen, so können Sie auf das große Angebot an Tiefkühlware zurückgreifen. Frischer Fisch muss schnellstmöglich verarbeitet werden, tiefgekühlter Fisch ist einige Monate haltbar und deshalb für die Vorratshaltung gut geeignet.

Filetgeschnetzeltes Mexicana

Für 4 Personen:

600 g Schweinefilet
Salz, Pfeffer aus der Mühle
2 EL Olivenöl, 1 Zwiebel
je 1 rote, gelbe und grüne Paprikaschote, 1 rote Chilischote
200 ml Gemüse- oder Fleischbrühe
1 Dose Kidneybohnen (260 g netto)
1 Dose Zuckermais (280 g netto)
1 Packung mexikanische Würzmischung
1 Packung Tortillafladen
200 g Sauerrahm

1 Das Schweinefilet waschen, trocken tupfen, in dünne Scheibchen oder Streifen schneiden, mit Salz und Pfeffer würzen.

2 Das Olivenöl in einer Pfanne erhitzen und das Fleisch darin braten, herausnehmen und warmstellen.

3 Die Zwiebel schälen, fein würfeln, ins verbliebene Bratfett geben und glasig schwitzen.

4 Die Paprikaschoten und die Chilischote halbieren, entkernen, waschen, gut abtropfen lassen, in feine Streifen schneiden, zur Zwiebel geben und kurz mitschwitzen.

5 Die Brühe angießen und das Ganze bei mäßiger Hitze ca. 7 Minuten köcheln lassen.

6 Die gut abgetropften Kidneybohnen und den Zuckermais einrühren und bei mäßiger Hitze 5 Minuten köcheln lassen.

7 Das Fleisch dazugeben und erhitzen. Mit der mexikanischen Würzmischung, Salz und Pfeffer kräftig abschmecken.

8 Die Tortillafladen nach Packungsanweisung zubereiten, auf Teller legen, mit dem Geschnetzelten füllen, zusammenklappen und mit Sauerrahm servieren.

Tipp:
Ein schnelles, aber köstliches Pfannengericht ist das Geschnetzelte. Sie können dafür jedes zarte Fleisch, vorzugsweise Filet oder Keule, verwenden. Ob Sie Rind, Schwein, Kalb, Pute, Hähnchen oder Wild verarbeiten, bleibt Ihrem persönlichen Geschmack überlassen. Nach dem Erhitzen des Fettes geben Sie das Fleisch in die Pfanne und braten es in kurzer Zeit rundherum an. Anschließend nehmen Sie es heraus und stellen es warm. Nun können Sie die Sauce im verbliebenen Bratfett zubereiten.

Selleriepfanne mit Brätklößchen

Für 4 Personen:

Für die Klößchen:
500 g Kalbs- oder Bratwurstbrät
2 Eigelb, 50 ml süße Sahne
1 EL geriebene Zitronenschale
3–4 EL Semmelbrösel
Salz, Pfeffer aus der Mühle
1 Prise Muskat
1 Prise Cayennepfeffer
1 l Gemüse- oder Fleischbrühe

Außerdem:
2 Sellerieknollen (ca. 600 g)
2 Zwiebeln, 1–2 EL Butter
1 Stange Lauch
1 kleine rote Peperoni
100 g Kirschtomaten
1 Bund Schnittlauch

1 Das Brät mit den Eigelben, der Sahne und der Zitronenschale in einer Schüssel glatt rühren.

2 Die Semmelbrösel untermischen. Mit Salz, Pfeffer, Muskat und Cayennepfeffer würzen.

3 Die Gemüse- oder Fleischbrühe in einem Topf zum Kochen bringen.

4 Mit zwei Esslöffeln Klößchen abstechen und in der Brühe garen.

5 Den Sellerie putzen, schälen, in feine Rauten schneiden, die Zwiebeln schälen und in feine Würfel schneiden. Die Butter in einer Pfanne erhitzen. Die Zwiebeln und den Sellerie darin kurz dünsten.

6 Den Lauch putzen, waschen und in Scheiben schneiden, die Peperoni putzen, halbieren, entkernen und klein schneiden, beides zum Gemüse geben und kurz mitschwitzen.

7 Etwa 250–300 ml Fleischbrühe angießen und das Gemüse bei mäßiger Hitze 8–10 Minuten garen.

8 Die Brätklößchen aus der Brühe nehmen, gut abtropfen lassen. Die Tomaten waschen, den Strunk herausschneiden, die Tomaten halbieren und mit den Klößchen zum Gemüse geben.

9 Das Gemüse durchschwenken, erhitzen, mit Salz, Pfeffer, Muskat und Cayennepfeffer würzen. Anrichten, mit geschnittenem Schnittlauch bestreuen und servieren.

Topfenschmarren mit Rumrosinen

Für 4 Personen:

150 g Quark, 100 g Mehl
1 Päckchen Vanillezucker
6 Eigelb, 50–75 ml Milch
1 Prise Salz
1 TL geriebene Zitronenschale
6 Eiweiß, 100 g Zucker
100 g Rumrosinen
Butter zum Ausbacken
Puderzucker zum Bestäuben

1 Den Quark mit dem Mehl, dem Vanillezucker, den Eigelben und 50 ml Milch in eine Schüssel geben und glatt rühren.

2 Die restliche Milch tropfenweise unterrühren, mit Salz und der geriebenen Zitronenschale aromatisieren.

3 Die Eiweiße sehr steif schlagen, den Zucker unter ständigem Rühren einrieseln lassen und so lange rühren, bis sich der Zucker vollständig aufgelöst hat.

4 Anschließend den Eischnee mit den Rumrosinen vorsichtig unter den Teig ziehen.

5 Die Butter in einer Pfanne erhitzen. Den Teig einfüllen, auf einer Seite kurz angehen lassen, wenden und im auf 180–200 °C vorgeheizten Backofen 10–12 Minuten ausbacken.

6 Den Schmarren aus dem Ofen nehmen, auf die heiße Herdplatte stellen, mit einer Gabel zerpflücken, durchschwenken, anrichten, mit Puderzucker bestäuben und servieren.

Tipp:
Bananen, Ananas, Pfirsiche, Mangos, Äpfel oder Birnen sind nur einige Obstsorten, die sich in der Pfanne sehr gut zubereiten lassen. Exotische Früchte oder heimische Obstsorten können auch in Verbindung mit Fleisch oder Fisch Pfannengerichte auf herrliche Art bereichern. Wählen Sie immer feste, reife Früchte, die beim Braten nicht zerfallen. Obst ist in der exotischen und asiatischen Küche besonders beliebt. Es passt sehr gut zu scharf gewürzten Speisen. Natürlich dürfen wir die köstlichen Kreationen aus der Dessertküche nicht vergessen, hier spielen die Früchte eine große Rolle. Fast kein süßes Pfannengericht gibt es, das nicht mit diesen Köstlichkeiten der Natur zubereitet wird.